D1640743

Little Wingels

Die kleinen Schutzengel

by NICI

Ein Schutzengel für dich

ISBN 978-3-8212-3526-4

© 2010 NICI GmbH. Little Wingels by NICI
Altenkunstadt/Germany. www.littlewingels.com
Farbige Illustrationen von COMICON S.L., Barcelona
Lizenz durch g.l.a.m. GmbH & Co. KG, München

Verantwortlich für diese Ausgabe:
Xenos Verlagsgesellschaft mbH
Max-Brauer-Allee 34, 22765 Hamburg
Text: Lilly Raible
Satz und Gestaltung: D-to-B, Hamburg
Printed in Belgium

für .... *Tanja* ....

von ..... *Susi* ....

Frohe Weihnachten!

Auch wenn du deinen
Schutzengel nicht siehst,
er hat dich fest im Visier.

Dein Schutzengel
kommt nicht immer,
wenn du ihn rufst,
aber er ist stets zur Stelle,
wenn du ihn brauchst.

Solltest du einmal fallen,
hab keine Angst:
Dein Schutzengel wird immer
versuchen, dich aufzufangen.

Dein himmlischer Begleiter
lässt die Sterne für dich leuchten,
damit du auch im Dunkeln siehst.

Wenn du mal nicht weiterweißt,
steht dir dein kleiner Helfer
mit Rat und Tat zur Seite.

Hast du es im Leben
auch manchmal schwer,
sorgt dein Schutzengel
wieder für Auftrieb.

Du brauchst deinem Schutzengel
keine Nachricht zu schreiben,
denn er weiß immer,
was du brauchst.

Dein himmlischer Begleiter
wünscht dir eine sichere Fahrt!
Deshalb fahre nie schneller,
als er fliegen kann.

Wenn es dir schlecht geht,
muntert dich
dein Schutzengel wieder auf.

Solltest du manchmal
aus dem Schritt kommen,
hilft dir dein Engelchen dabei,
das Gleichgewicht
wiederzufinden.

Bei drohender Gefahr
sei stets wachsam,
damit du die warnenden Zeichen
deines Schutzengels erkennst.

Dein Schutzengel
lässt dich nie
im Regen stehen.

Wenn du schläfst,
sorgt dein Schutzengel dafür,
dass du süße Träume hast
und du dich am Morgen
wie neugeboren fühlst.

Wenn du nicht mehr weißt,
wo es langgeht,
bringt dich dein Engel
auf den richtigen Weg.

Himmlische Bücher bei Xenos

Himmlische Weihnachten

ISBN 978-3-8212-3429-8

Gute Nacht und träum schön

ISBN 978-3-8212-3430-4

Ein Schutzengel für dich

ISBN 978-3-8212-3526-4

Freunde sind Engel

ISBN 978-3-8212-3525-7

Malbuch

ISBN 978-3-8212-3527-1